(Conserver la couverture)

28 AOUT 1882

Le 28 août 1882, on a célébré à Verne les noces d'or de l'abbé Foltête, curé de cette paroisse depuis le 15 janvier 1832.

Après la cérémonie religieuse, présidée par Mgr Besson, évêque de Nîmes, un banquet de cent couverts a réuni, autour du prélat et du curé, M. le comte de Mérode, sénateur; M. le général de Latheulade; M. Clastron, vicaire général de Nîmes; M. Ruckstuhl, vicaire général de Besançon; plus de quarante prêtres; les maires des cinq communes et un grand nombre de parents et d'amis.

Au dessert, plusieurs toasts ont été portés.

Nous publions celui de l'abbé Miget, curé de Voillans, et les vers de M. l'abbé Garnier, professeur au petit séminaire de Marnay.

TOAST

DE

M. L'ABBÉ MIGET

Curé de Voillans

Monseigneur,

Nous sommes réunis dans ce banquet pour célébrer les noces d'or de l'abbé Foltête, notre confrère bien-aimé, et, de longue date, notre ami de prédilection. Associé à sa vie, confident de ses pensées, de ses joies et de ses peines, il nous appartient d'en parler en connaissance de cause. Caractère franc, loyal, ouvert, charitable dans la force du terme ; et pour citer un exemple entre mille, je rappellerai l'hospitalité qu'il a donnée jadis et si généreusement à de pauvres séminaristes irlandais, à des prêtres espagnols, nobles réfugiés sur notre terre ; je l'ai vu, il m'en souvient encore, les recevoir à bras ouverts, les presser sur son cœur, les traiter en amis et en frères et leur adoucir ainsi les rigueurs de l'exil. Esprit judicieux, cultivé par une lecture assidue et variée, facile et tolérant dans l'occasion, aimable en société, agréable dans la conversation qu'il sait rendre intéressante par une sage critique, par des bons mots placés à propos, par des reparties vives, promptes, heureuses et toujours applaudies : *castigat ridendo mores*. Du reste, prêtre excellent, bon pasteur, zélé, dévoué, tout entier à sa paroisse qu'il aime et qu'il ne cessera point d'aimer jusqu'à la fin.

Doyen d'âge dans le canton, arrivé au terme de ma carrière, *venit summa dies et ineluctabile tempus*, le dernier dans les rangs du sacerdoce, *minimus pastorum*, c'est sans doute une témérité de ma part d'élever la voix après le discours que vous avez entendu et qui nous a tous édifiés et ravis, et je devrais plutôt me taire et garder un humble silence.

La vue d'un auditoire si nouveau pour moi, un orateur et un écrivain célèbre, un évêque, la gloire et l'honneur du pays, *Tu gloria Israël, tu honorificentia populi nostri*, des dignitaires de l'Eglise éminents et vénérés, des sommités dans la science sacrée, un clergé d'élite et nombreux, des convives notables, entourés de l'estime publique, les dépositaires de l'autorité locale, représentant la paroisse : cette vue nous inspire naturellement de la défiance dans nos pensées, la crainte de n'être pas à la hauteur de la tâche délicate qui nous a été confiée. Il importe cependant de dire quelques mots au sujet du banquet qui nous rassemble.

Quel est le sens de ce banquet ? Pour l'expliquer, j'emprunterai le langage élevé, imagé, profond, de Bossuet :

« Manger et boire ensemble est parmi les hommes une marque de société ; on entretient l'amitié par cette douce communication ; on partage ses biens, ses plaisirs, sa vie même, avec ses amis. Il semble qu'on leur déclare qu'on ne peut vivre sans eux et que la vie n'est pas une vie sans cette société, et la sagesse, pour nous inviter à sa société, n'a rien à nous proposer de plus attrayant qu'un repas qu'elle nous prépare : venez, mes amis, mangez mon pain, buvez le vin que je vous présente. C'était pour cette raison que Dieu ordonnait autrefois à son peuple de venir au lieu qu'il avait choisi pour y faire bonne chère devant le Seigneur, avec tout ce qu'on avait de plus précieux : avec son fils, avec sa fille, avec son domestique, avec son serviteur et sa servante, avec ceux qu'on estimait le plus, avec le lévite, sans oublier l'étranger, non plus que la veuve et l'orphelin, et à plus forte raison sans oublier les parents et les proches, afin qu'ils fussent rassasiés des biens que le Seigneur avait donnés et partageassent la joie commune. Il en viendra d'Orient et d'Occident ; ils se mettront à table, et lui-même, passant de table en table, il les servira. »

Tel est le sens de ce banquet ; c'est une marque de société, d'union et de frater-

*

nité qui rappelle les agapes des premiers chrétiens se réjouissant dans le Seigneur, et ne faisant qu'un cœur et qu'une âme : *erat cor unum et anima una.*

Hélas ! les temps sont mauvais, *instant tempora periculosa.* Prêtres et laïques fidèles, soyons aussi unis et serrons nos rangs pour opposer à l'ennemi qui veille un rempart invincible : *frater qui adjuvatur a fratre tanquam civitas firma.*

Le clergé du canton est uni de cœur et d'âme ; on le doit au bon esprit qui l'anime ; on le doit aussi à la sagesse, à l'expérience, à la générosité de notre honorable doyen, dont l'accès est si facile, dont le cœur et la demeure nous sont toujours ouverts : *quam bonum et quam jucundum habitare fratres in unum.*

Unis entre nous, nous sommes encore plus étroitement unis à tous nos supérieurs légitimes : unis par l'obéissance, le respect, la foi et l'amour, sentiments en quelque sorte innés en nous, héritage que nos aïeux nous ont transmis de génération en génération, et signalé en ces termes par un orateur célèbre :

« Sur les flancs du Jura, défrichés par les moines, au milieu des forêts de sapins et dans les gorges profondes que creusent le Doubs et ses affluents, il s'est formé une race austère, énergique, intelligente, naguère passionnée pour ses antiques franchises, de tout temps célèbre par son ardeur belliqueuse, son attachement enraciné à la foi catholique, son fier et opiniâtre dévouement à ses maîtres. On ne les soumet qu'à coups d'épée, et il faut abattre jusqu'au dernier [1]. »

[1] MONTALEMBERT, *Discours de réception à l'Académie française.*

Instant tempora periculosa. Les temps sont mauvais ; je ne voudrais pas contrister mes auditeurs par la pensée d'un avenir peut-être éloigné, mais sombre et menaçant pour l'Eglise ; à Dieu ne plaise ! je ne voudrais pas non plus troubler la joie de cette belle fête de famille ; mais je voudrais, s'il est possible, la rendre plus vive encore et plus expansive.

La vieillesse est privilégiée : elle a parfois le don de prophétie et des visions de l'avenir : *Senes vestri somnia somniabunt, et juvenes vestri visiones videbunt.* C'était pendant une nuit sombre, enveloppée de profondes ténèbres, éclairée tout à coup par une lumière éclatante, du sein de laquelle j'ai entendu une voix céleste qui m'appelait : *Fili hominis, fode parietem :* Fils de l'homme, perce la muraille qui s'élève devant toi et qui cache l'avenir à tes regards mortels : *Fode parietem*. Sur la parole de l'ange, j'ai percé la muraille mystérieuse et les événements futurs m'ont apparu à découvert et sans nuages, et j'ai vu le sacerdoce honoré, l'Eglise triomphante accomplir sa mission civilisatrice de charité et de paix parmi les peuples et les nations ; je l'ai vue répandre ses bienfaits et sa lumière sur les bons et sur les méchants, sur ses amis et sur ses ennemis ; je l'ai vue, dans un avenir connu de Dieu seul, recueillir dans son sein, avec toute la tendresse d'une mère, ses enfants égarés touchés de repentir et soumis désormais à ses lois.

Il y a cinquante ans, un vieux curé, un ami qui avait souffert l'exil pour la foi, me disait un jour : « Cher abbé, il ne faut pas trop nous inquiéter sur le sort de l'Eglise et de la religion, nous avons de bons évêques. » Ce qui était vrai à cette époque l'est encore aujourd'hui. Il faut avoir confiance et ne pas s'effrayer outre mesure : nous avons de bons évêques, là est la sécurité, le salut, le triomphe et la victoire : *Hæc est victoria quæ vincit mundum, fides nostra.*

Et maintenant, abbé Foltête, ami généreux, souffrez qu'en finissant je vous adresse le mot touchant du poète que vous ne désavouerez pas, car je sais que vous êtes aussi poète à votre heure :

Fortunate senex, ergo tua rura manebunt !

La joie de ce vieillard dans la possession inespérée de son héritage n'est rien, comparée à la joie que vous devez éprouver dans la possession des biens qu'il a plu à Dieu de vous donner si largement et de vous conserver encore.

Un tempérament robuste, une santé merveilleuse, presque l'activité et la puissance de la jeunesse. L'intelligence, l'énergie et la force morale, *fortunate senex!* Un troupeau fidèle, une paroisse dévouée qui vous aime et vous bénit, *fortunate senex!* Des confrères qui vous estiment, dont les relations sont si douces et que le monde nous envie; des convives illustres ou notables venus de loin et de tous côtés pour vous féliciter, *fortunate senex !*

Un panégyriste sans rival dans l'Eglise de France, dont la voix a retenti dans nos cathédrales aux applaudissements de la foule émue et ravie, *fortunate senex!* Enfin de longs jours dans l'avenir, des jours de repos, de paix et de bonheur : *Ergo tua rura manebunt, fortunate senex !*

Associé à votre bonheur, je me joins à

vous pour rendre grâce à Dieu; qu'un long cri de joie et d'amour s'échappe de nos cœurs : *Cantemus Domino, gloriose enim magnificatus est.*

AD MULTOS ET FELICES ANNOS !

A M. L'ABBÉ FOLTÊTE

CURÉ DE VERNE

A L'OCCASION DE SES NOCES D'OR

28 AOUT 1882

Lorsque, pour vous fêter, le grand prélat de Nimes
A trouvé dans son cœur ces paroles sublimes
  Que la France lira demain,
La muse ne doit plus qu'applaudir et se taire,
Ou bien il lui faudrait, pour se tirer d'affaire,
  La lyre de Richard Baudin.

Mais l'Homère comtois n'est plus ; sa lyre sainte,
Hélas! je ne l'ai pas ; autre sujet de crainte :
  L'éloquent orateur est là.
Si donc j'ose élever la voix en cette fête,
C'est qu'il faut que mon cœur s'acquitte d'une dette.
  Ma seule excuse, la voilà.

Combien je suis heureux en cette circonstance
De vous offrir les vœux de la reconnaissance,
  Longue vie et félicité ;
Car chez vous, bien souvent, ô prêtre vénérable,
J'ai reçu des leçons de sagesse à la table
  D'une aimable hospitalité.

Si la joie aujourd'hui sur tous les fronts rayonne
Et si chacun vous fête, ah! c'est qu'il n'est personne
  Qui n'ait eu part à vos bienfaits.
Ange consolateur de toutes les souffrances,
On ne saura jamais qu'au jour des récompenses
  Les heureux que vous avez faits.

Qu'il est doux, au sommet d'une si belle vie,
De rechercher, le long de la route suivie,
    Le souvenir des meilleurs jours
Il en est deux surtout au milieu d'un grand nombre
Qui, dans les profondeurs vagues d'un passé sombre,
    D'un pur éclat brillent toujours.

Le premier de ces jours, jour de paix, d'innocence,
Dans votre âme, aujourd'hui, réveille de l'enfance
    La plus suave émotion.
Oh! oui, parmi les jours de mémoire immortelle
On doit un souvenir à ce jour qu'on appelle
    La première communion.

Le second des beaux jours, des jours que Dieu domine,
Et dont le souvenir de la vie illumine
    La monotone obscurité,
C'est le jour trois fois saint de la première messe,
Jour d'extase, dernier reflet de la jeunesse,
    Aube de l'immortalité.

Et depuis ce grand jour où, dans la fleur de l'âge,
Vous preniez Dieu pour maître et la croix pour partage,
  Voilà cinquante ans accomplis !
Cinquante ans d'un sublime et fécond ministère,
Et c'est pourquoi le ciel célèbre avec la terre
  Des jours si longs, si bien remplis.

Oh ! que de fois pendant cette longue carrière,
Pour nourrir l'indigent dont vous êtes le père,
  Vous avez vécu pauvrement.
Vous avez fait le bien pour Dieu, non pour la gloire,
Et l'on pourrait écrire en trois mots votre histoire :
  Bonté, courage, dévouement.

Que de fois oubliant le danger, la fatigue,
On vous vit, pour aller au malade, au prodigue,
  Braver la tempête et la nuit.
Oh ! oui, pasteur selon le cœur du divin Maître,
De tous vos saints labeurs que Dieu seul peut connaître
  Recueillez aujourd'hui le fruit.

Recueillez-en le fruit dans ces larmes muettes
Que la reconnaissance, au milieu de ces fêtes,
    A fait couler de tous les yeux ;
Recueillez-en le fruit dans tous ces témoignages
Qui sont de l'amitié les fidèles hommages,
    Et dont le ciel entend les vœux.

L'Abbé GARNIER,

Professeur au petit séminaire de Marnay.

www.ingramcontent.com/pod-product-compliance
Lightning Source LLC
Chambersburg PA
CBHW070444080426
42451CB00025B/1570